50 Recetas con Sabores de la Tradición

Por: Kelly Johnson

Table of Contents

- Tamales de pollo
- Mole poblano
- Pozole rojo
- Chiles en nogada
- Enchiladas verdes
- Sopa de tortilla
- Tacos al pastor
- Carnitas de cerdo
- Cochinita pibil
- Caldo tlalpeño
- Tostadas de tinga
- Empanadas de carne
- Cazuela de pollo
- Pescado a la veracruzana
- Arroz con leche
- Pan de muerto
- Atole de maíz

- Quesadillas de flor de calabaza
- Chiles rellenos
- Barbacoa de borrego
- Sopa de fideos
- Camotes en dulce
- Gorditas de chicharrón
- Ensalada de nopal
- Frijoles charros
- Tamal de dulce
- Caldo de res
- Huevos motuleños
- Tlayudas oaxaqueñas
- Pollo en pipián
- Arrachera a la parrilla
- Capirotada
- Ensalada de pollo
- Sopa de lima
- Picadillo de res
- Chorizo con papas

- Empanadas de camarón
- Tlacoyos
- Barbacoa de res
- Tamal de rajas con queso
- Sopes con carne
- Albóndigas en chipotle
- Pescado zarandeado
- Enchiladas suizas
- Calabacitas con elote
- Queso fundido con chorizo
- Camarones a la diabla
- Huitlacoche con queso
- Chiles rellenos de queso
- Arroz a la mexicana

Tamales de pollo

Ingredientes:

- Masa de maíz para tamales
- Caldo de pollo
- Pollo deshebrado
- Salsa roja o verde para rellenar
- Hojas de maíz para envolver

Preparación:

1. Hidrata las hojas de maíz.
2. Prepara la masa mezclándola con caldo de pollo hasta que quede suave.
3. Coloca una porción de masa sobre la hoja, añade pollo y salsa al centro.
4. Envuelve y amarra.
5. Cocina al vapor por 1-1.5 horas.

Mole poblano

Ingredientes principales:

- Chiles (ancho, mulato, pasilla)
- Chocolate amargo
- Almendras, semillas, especias (canela, clavo)
- Tomate, ajo, cebolla
- Caldo de pollo

Preparación:

1. Tuesta y remoja los chiles.
2. Licúa chiles con tomate, ajo, cebolla, especias y chocolate.
3. Cocina la salsa lentamente, agrega caldo y mezcla.
4. Sirve sobre pollo cocido.

Pozole rojo

Ingredientes:

- Maíz pozolero precocido
- Carne de cerdo o pollo
- Chiles guajillo y ancho para la salsa roja
- Ajo, cebolla
- Guarniciones: lechuga, rábanos, cebolla, limón, orégano

Preparación:

1. Cocina el maíz y la carne por separado.
2. Prepara la salsa licuando y colando los chiles con ajo y cebolla.
3. Añade la salsa al caldo con maíz y carne, cocina unos minutos.
4. Sirve con las guarniciones.

Chiles en nogada

Ingredientes:

- Chiles poblanos asados y pelados
- Picadillo (carne molida, frutas secas, especias)
- Salsa de nogada (nueces, crema, queso, azúcar)
- Granada y perejil para decorar

Preparación:

1. Rellena los chiles con el picadillo.
2. Cubre con la salsa de nogada.
3. Decora con granada y perejil.

Enchiladas verdes

Ingredientes:

- Tortillas de maíz
- Pollo deshebrado
- Salsa verde (tomatillo, chile, ajo)
- Crema, queso fresco, cebolla para acompañar

Preparación:

1. Rellena tortillas con pollo, enrolla.
2. Baña con salsa verde caliente.
3. Sirve con crema, queso y cebolla.

Sopa de tortilla

Ingredientes:

- Caldo de pollo
- Tomate, ajo, cebolla
- Tortillas fritas en tiras
- Chile pasilla para decorar
- Aguacate, queso fresco, crema para acompañar

Preparación:

1. Licúa tomate, ajo y cebolla; fríe y mezcla con caldo.
2. Sirve con tiras de tortilla frita y los toppings.

Tacos al pastor

Ingredientes:

- Carne de cerdo marinada en adobo de chile guajillo, achiote y especias
- Piña
- Cebolla, cilantro
- Tortillas de maíz

Preparación:

1. Marina y cocina la carne, idealmente en trompo o sartén.
2. Sirve en tortillas con piña, cebolla y cilantro.

Carnitas de cerdo

Ingredientes:

- Carne de cerdo (pulpa o pierna)
- Ajo, cebolla, laurel
- Grasa de cerdo o aceite para freír

Preparación:

1. Cocina la carne a fuego lento con ajo, cebolla y laurel hasta que esté suave.
2. Sube el fuego para dorar la carne y que quede crujiente.
3. Sirve en tacos o con guarniciones.

Cochinita Pibil

Ingredientes principales:

- Carne de cerdo (preferentemente pierna o lomo)
- Achiote en pasta
- Jugo de naranja agria (o mezcla de naranja dulce y limón)
- Hojas de plátano (opcional)
- Cebolla morada encurtida

Preparación básica:

1. Marina la carne con pasta de achiote, jugo de naranja agria, sal y pimienta.
2. Envuelve la carne en hojas de plátano y hornea o cocina lentamente hasta que esté muy suave.
3. Sirve con cebolla morada encurtida y tortillas de maíz.

Caldo Tlalpeño

Ingredientes principales:

- Pollo deshebrado
- Caldo de pollo
- Zanahoria, chayote, ejotes, papa (verduras)
- Chipotle en adobo
- Arroz cocido
- Garbanzos
- Limón, aguacate y queso fresco para acompañar

Preparación básica:

1. Cocina el pollo con las verduras en el caldo de pollo.
2. Añade chipotle para dar sabor y un poco de picante.
3. Agrega arroz y garbanzos cocidos.
4. Sirve con limón, aguacate y queso fresco.

Tostadas de Tinga

Ingredientes principales:

- Pollo deshebrado
- Salsa de tomate, chipotle, cebolla y ajo
- Tortillas de maíz fritas o tostadas
- Lechuga, crema y queso rallado para acompañar

Preparación básica:

1. Cocina pollo y deshebra.
2. Prepara la salsa con tomate, chipotle, cebolla y ajo, cocina hasta que espese.
3. Mezcla el pollo con la salsa y sirve sobre tostadas.
4. Agrega lechuga, crema y queso rallado al gusto.

Empanadas de Carne

Ingredientes principales:

- Masa de harina para empanadas
- Relleno de carne molida condimentada con cebolla, ajo, chile y especias
- Aceitunas, pasas y huevo duro (opcional)

Preparación básica:

1. Prepara el relleno con carne molida y condimentos.
2. Rellena las empanadas, cierra y sella con un tenedor.
3. Hornea o fríe hasta que estén doradas.

Cazuela de Pollo

Ingredientes principales:

- Pollo en trozos
- Verduras: papa, zanahoria, calabacita, ejotes
- Caldo de pollo
- Hierbas y especias al gusto

Preparación básica:

1. Cocina pollo en caldo con verduras hasta que todo esté tierno.
2. Ajusta sazón y sirve caliente.

Pescado a la Veracruzana

Ingredientes principales:

- Filetes de pescado blanco
- Salsa de jitomate, cebolla, ajo, aceitunas, alcaparras y chiles
- Hierbas frescas (orégano, laurel)

Preparación básica:

1. Sofríe jitomate, cebolla, ajo, aceitunas, alcaparras y chiles para hacer la salsa.
2. Cocina el pescado en la salsa hasta que esté cocido.
3. Sirve acompañado de arroz o verduras.

Arroz con Leche

Ingredientes principales:

- Arroz
- Leche
- Azúcar
- Canela en rama
- Pasas (opcional)

Preparación básica:

1. Cocina arroz en agua hasta que esté casi tierno.
2. Añade leche, azúcar y canela y cocina a fuego lento hasta que espese.
3. Agrega pasas si deseas.

Pan de Muerto

Ingredientes principales:

- Harina
- Azúcar
- Huevos
- Mantequilla
- Levadura
- Ralladura de naranja y anís

Preparación básica:

1. Prepara una masa dulce con los ingredientes, deja levar.
2. Forma panes decorados con tiras que simulan huesos.
3. Hornea y pinta con mantequilla y azúcar al salir del horno.

Atole de Maíz

Ingredientes principales:

- Masa de maíz o harina de maíz
- Leche o agua
- Azúcar o piloncillo
- Canela

Preparación básica:

1. Disuelve masa de maíz en leche o agua.
2. Cocina a fuego lento, revolviendo hasta espesar.
3. Endulza con azúcar o piloncillo y añade canela.

Quesadillas de flor de calabaza

Ingredientes:

- Tortillas de maíz o harina
- Flor de calabaza limpia y picada
- Queso fresco o Oaxaca
- Cebolla picada (opcional)
- Aceite o mantequilla

Preparación:

1. Saltea la flor de calabaza con cebolla hasta que se ablande.
2. Calienta una tortilla, añade flor de calabaza y queso.
3. Dobla y cocina hasta que el queso se derrita.
4. Sirve caliente.

Chiles rellenos

Ingredientes:

- Chiles poblanos asados y pelados
- Relleno: queso, carne molida o picadillo
- Huevos para capeado
- Harina para rebozar
- Aceite para freír

Preparación:

1. Asa y pela los chiles, haz un corte para rellenar.
2. Rellena con el queso o carne.
3. Pasa los chiles por harina y luego por huevo batido.
4. Fríe hasta dorar.

Barbacoa de borrego

Ingredientes:

- Carne de borrego (cordero)
- Ajo, cebolla, hojas de aguacate
- Chile guajillo para la marinada
- Sal y especias

Preparación:

1. Marina la carne con chile guajillo, ajo y especias.
2. Cocina a fuego lento envuelta en hojas de aguacate o en horno lento.
3. Deshebra la carne y sirve con cebolla y cilantro.

Sopa de fideos

Ingredientes:

- Fideos (fideos delgados o cabello de ángel)
- Caldo de pollo o vegetales
- Tomate, ajo, cebolla
- Aceite, sal y pimienta

Preparación:

1. Sofríe el tomate, ajo y cebolla; licúa y cuela para hacer caldo.
2. Añade caldo y hierve.
3. Agrega los fideos y cocina hasta que estén suaves.
4. Sirve caliente.

Camotes en dulce

Ingredientes:

- Camotes (batatas) pelados y en rodajas
- Piloncillo o azúcar
- Canela en rama
- Agua

Preparación:

1. Hierve camotes con agua, canela y piloncillo.
2. Cocina hasta que el camote esté tierno y el líquido se reduzca a un jarabe.
3. Sirve frío o caliente.

Gorditas de chicharrón

Ingredientes:

- Masa de maíz
- Chicharrón prensado
- Aceite para freír

Preparación:

1. Forma discos de masa y rellena con chicharrón.
2. Sella bien y fríe en aceite hasta que estén doradas.
3. Abre y agrega salsa o crema si deseas.

Ensalada de nopal

Ingredientes:

- Nopales cocidos y picados
- Cebolla
- Jitomate
- Cilantro
- Limón, sal y chile (opcional)

Preparación:

1. Mezcla los nopales con cebolla, jitomate y cilantro.
2. Adereza con limón, sal y chile al gusto.
3. Sirve fresca.

Frijoles charros

Ingredientes:

- Frijoles bayos cocidos
- Tocino o chorizo picado
- Cebolla, ajo, jitomate
- Chile serrano
- Cilantro y sal

Preparación:

1. Fríe tocino o chorizo con cebolla, ajo y chile.
2. Añade jitomate y cocina unos minutos.
3. Incorpora los frijoles con algo de caldo.
4. Cocina a fuego bajo y sirve con cilantro.

Tamal de dulce

Ingredientes:

- Masa de maíz para tamal
- Azúcar al gusto
- Manteca de cerdo o vegetal
- Pasas, almendras o fruta cristalizada (opcional)
- Hojas de maíz para envolver

Preparación:

1. Bate la manteca con el azúcar hasta que esté cremosa.
2. Mezcla la manteca con la masa y agrega pasas o frutas.
3. Humedece las hojas de maíz y coloca una porción de masa.
4. Envuelve y amarra.
5. Cocina al vapor por aproximadamente 1 hora.

Caldo de res

Ingredientes:

- Carne de res con hueso (chamorro o costilla)
- Verduras: zanahoria, papa, chayote, elote, calabaza
- Cebolla, ajo, sal y pimienta

Preparación:

1. Cocina la carne con agua, cebolla y ajo hasta que esté tierna.
2. Agrega las verduras y cocina hasta que estén suaves.
3. Ajusta sal y sirve caliente con arroz y limón.

Huevos motuleños

Ingredientes:

- Tortillas fritas
- Huevos estrellados
- Salsa de tomate con chícharos y jamón
- Queso fresco, plátano frito y chícharos

Preparación:

1. Coloca la tortilla frita en un plato.
2. Agrega un huevo estrellado encima.
3. Cubre con salsa de tomate, chícharos, jamón, plátano frito y queso.
4. Sirve caliente.

Tlayudas oaxaqueñas

Ingredientes:

- Tortilla grande de maíz (tlayuda)
- Frijoles refritos
- Quesillo (queso Oaxaca)
- Cecina, tasajo o chorizo (opcional)
- Aguacate, salsa y cebolla

Preparación:

1. Calienta la tlayuda en comal hasta que esté crujiente.
2. Unta frijoles, agrega quesillo y carne si deseas.
3. Añade aguacate y salsa.
4. Dobla o sirve abierta.

Pollo en pipián

Ingredientes:

- Pollo en piezas
- Semillas de calabaza tostadas
- Chile ancho y guajillo
- Ajo, cebolla, jitomate
- Especias: canela, clavo, pimienta

Preparación:

1. Tuesta y muele las semillas con los chiles y especias.
2. Sofríe ajo, cebolla y jitomate, añade la pasta de semillas.
3. Cocina el pollo con la salsa hasta que esté tierno.
4. Sirve con arroz blanco.

Arrachera a la parrilla

Ingredientes:

- Arrachera (falda de res)
- Ajo, sal, pimienta
- Jugo de limón o vinagre
- Aceite

Preparación:

1. Marina la carne con ajo, sal, pimienta, limón y aceite al menos 30 min.
2. Asa a la parrilla a tu punto deseado.
3. Sirve con cebolla asada y guarniciones.

Capirotada

Ingredientes:

- Pan bolillo en rebanadas
- Piloncillo o azúcar morena
- Canela en rama
- Pasas, nueces, queso fresco
- Clavos de olor

Preparación:

1. Prepara un jarabe con piloncillo, canela y clavos.
2. En un molde, coloca capas de pan, pasas, nueces y queso.
3. Vierte el jarabe y hornea hasta que esté dorado y jugoso.

Ensalada de pollo

Ingredientes:

- Pechuga de pollo cocida y deshebrada
- Lechuga, tomate, cebolla, aguacate
- Aceite de oliva, limón, sal y pimienta

Preparación:

1. Mezcla el pollo con los vegetales picados.
2. Aliña con aceite, limón, sal y pimienta.
3. Sirve fresca.

Sopa de lima

Ingredientes:

- Caldo de pollo
- Tiras de tortilla frita
- Jugo de lima
- Pollo deshebrado
- Ajo, cebolla, tomate, chile
- Cilantro, sal y pimienta

Preparación:

1. Sofríe ajo, cebolla, tomate y chile.
2. Agrega caldo de pollo y deja hervir.
3. Añade pollo deshebrado y jugo de lima al gusto.
4. Sirve con tiras de tortilla frita y cilantro fresco.

Picadillo de res

Ingredientes:

- Carne molida de res
- Cebolla, ajo, tomate
- Papa y zanahoria en cubos
- Pasas, aceitunas (opcional)
- Comino, sal y pimienta

Preparación:

1. Sofríe cebolla y ajo, añade carne molida y cocina.
2. Agrega tomate, papa y zanahoria, cocina hasta que estén suaves.
3. Incorpora pasas y aceitunas si deseas.
4. Ajusta sazón y sirve con arroz.

Chorizo con papas

Ingredientes:

- Chorizo fresco
- Papas peladas y cortadas en cubos
- Cebolla

Preparación:

1. Fríe el chorizo hasta que suelte su grasa.
2. Añade cebolla y papas, cocina hasta que las papas estén tiernas.
3. Sirve con tortillas.

Empanadas de camarón

Ingredientes:

- Masa para empanadas o harina de trigo
- Camarones cocidos picados
- Cebolla, ajo, jitomate
- Cilantro, chile (opcional)
- Sal y pimienta

Preparación:

1. Sofríe cebolla, ajo y jitomate, añade camarones y condimenta.
2. Rellena la masa con la mezcla, cierra y sella las empanadas.
3. Fríe o hornea hasta dorar.

Tlacoyos

Ingredientes:

- Masa de maíz azul o blanco
- Frijoles refritos o queso fresco para rellenar
- Cebolla, cilantro para acompañar
- Salsa verde o roja

Preparación:

1. Haz bolitas con la masa, aplánalas y coloca relleno en el centro.
2. Cierra y forma una especie de "óvalo".
3. Cocina en comal hasta que estén firmes.
4. Sirve con cebolla, cilantro y salsa.

Barbacoa de res

Ingredientes:

- Carne de res para barbacoa (chamorro o costilla)
- Hojas de maguey (si se tiene) o papel aluminio
- Ajo, cebolla, chiles
- Sal y especias al gusto

Preparación:

1. Marina la carne con ajo, cebolla, chiles y sal.
2. Envuelve en hojas de maguey o aluminio.
3. Cocina lentamente al horno o en horno de tierra varias horas hasta que la carne esté suave.

Tamal de rajas con queso

Ingredientes:

- Masa para tamal
- Rajas de chile poblano asado y pelado
- Queso fresco o panela
- Hojas de maíz para tamal

Preparación:

1. Mezcla masa con manteca y sazona.
2. Coloca masa en hojas, añade rajas y queso.
3. Envuelve y cocina al vapor 1 hora.

Sopes con carne

Ingredientes:

- Masa para sopes
- Frijoles refritos
- Carne deshebrada o picada
- Lechuga, crema, queso rallado
- Salsa

Preparación:

1. Forma discos gruesos con la masa y fríelos.
2. Unta frijoles, agrega carne, lechuga, crema, queso y salsa.
3. Sirve calientes.

Albóndigas en chipotle

Ingredientes:

- Carne molida de res y/o cerdo
- Pan remojado en leche
- Huevo, ajo, cebolla
- Salsa de chipotle en adobo
- Caldo de pollo

Preparación:

1. Mezcla carne, pan, huevo, ajo y cebolla para formar albóndigas.
2. Fríelas ligeramente y reserva.
3. Prepara salsa con chipotle y caldo, añade albóndigas y cocina hasta que estén listas.

Pescado Zarandeado

Ingredientes:

- Filetes de pescado fresco (mero, pargo, robalo)
- Jugo de limón
- Ajo picado
- Chile guajillo o chipotle molido
- Salsa de soja
- Aceite de oliva
- Sal y pimienta
- Cebolla y jitomate para acompañar

Preparación:

1. Marina el pescado con jugo de limón, ajo, chile molido, salsa de soja, aceite, sal y pimienta por al menos 30 minutos.
2. Asa el pescado en parrilla o sartén a fuego medio, hasta que esté cocido y ligeramente dorado.
3. Sirve con cebolla y jitomate asados.

Enchiladas Suizas

Ingredientes:

- Tortillas de maíz
- Pollo deshebrado
- Salsa verde (tomatillo, chile, cebolla, ajo)
- Crema
- Queso manchego o queso suizo rallado

Preparación:

1. Baña las tortillas en salsa verde caliente, rellena con pollo deshebrado y enrolla.
2. Coloca las enchiladas en un refractario, cubre con crema y queso rallado.
3. Gratina en horno hasta que el queso se derrita y dore ligeramente.

Calabacitas con Elote

Ingredientes:

- Calabacitas cortadas en cubos
- Elote desgranado (puede ser fresco o congelado)
- Cebolla picada
- Ajo
- Chile jalapeño (opcional)
- Sal, pimienta y aceite

Preparación:

1. Sofríe cebolla, ajo y chile.
2. Añade calabacitas y elote, cocina a fuego medio hasta que estén tiernos.
3. Salpimienta y sirve caliente.

Queso Fundido con Chorizo

Ingredientes:

- Queso Oaxaca o manchego rallado
- Chorizo desmenuzado y frito
- Cebolla picada (opcional)
- Tortillas o totopos para acompañar

Preparación:

1. Fríe el chorizo hasta que esté crujiente, reserva.
2. En un sartén apto para horno, coloca queso rallado, agrega chorizo encima.
3. Gratina hasta que el queso esté burbujeante y fundido.
4. Sirve con tortillas o totopos.

Camarones a la Diabla

Ingredientes:

- Camarones pelados y limpios
- Chile chipotle y chile guajillo (rehidratados y molidos)
- Ajo, cebolla, jitomate
- Aceite
- Sal y pimienta

Preparación:

1. Licúa chiles, ajo, cebolla y jitomate para hacer la salsa.
2. Sofríe la salsa en aceite, añade camarones y cocina hasta que cambien de color.
3. Salpimienta y sirve caliente con arroz blanco.

Huitlacoche con Queso

Ingredientes:

- Huitlacoche fresco o enlatado
- Cebolla y ajo picados
- Chile serrano o jalapeño picado (opcional)
- Queso fresco o panela desmenuzado
- Aceite, sal y pimienta

Preparación:

1. Sofríe cebolla y ajo, agrega huitlacoche y chile.
2. Cocina unos minutos, añade queso y mezcla hasta que se derrita ligeramente.
3. Sirve como relleno de quesadillas o tacos.

Chiles Rellenos de Queso

Ingredientes:

- Chiles poblanos asados y pelados
- Queso fresco o manchego en tiras
- Harina para empanizar
- Huevos (para capeado)
- Aceite para freír

Preparación:

1. Rellena los chiles con queso.
2. Pasa por harina y después por huevo batido.
3. Fríe en aceite caliente hasta dorar.
4. Sirve con salsa de tu preferencia.

Arroz a la Mexicana

Ingredientes:

- Arroz
- Jitomates, cebolla y ajo
- Caldo de pollo
- Chícharos y zanahorias (opcional)
- Aceite y sal

Preparación:

1. Licúa jitomates, cebolla y ajo.
2. Sofríe arroz en aceite hasta que esté dorado.
3. Añade la salsa licuada, caldo, verduras, sal y cocina tapado a fuego bajo hasta que el arroz esté tierno.

www.ingramcontent.com/pod-product-compliance
Lightning Source LLC
LaVergne TN
LVHW081328060526
838201LV00055B/2517